LETTRES

SUR LA

RECONSTRUCTION DU PALAIS DE JUSTICE

ADRESSÉES

A M. LE RÉDACTEUR EN CHEF DU DROIT

PAR

M. ALLOU

Ancien bâtonnier

(LE DROIT, 11 et 13 octobre 1871)

PARIS

TYPOGRAPHIE ET LITHOGRAPHIE RENOU ET MAULDE

144, RUE DE RIVOLI, 144

—

1871

LETTRES

SUR LA

RECONSTRUCTION DU PALAIS DE JUSTICE

LETTRES

SUR LA

RECONSTRUCTION DU PALAIS DE JUSTICE

ADRESSÉES

A M. LE RÉDACTEUR EN CHEF DU DROIT

PAR

M. ALLOU

Ancien bâtonnier

(LE DROIT, 11 et 13 octobre 1871)

PARIS

TYPOGRAPHIE ET LITHOGRAPHIE RENOU ET MAULDE

144, RUE DE RIVOLI, 144

—

1871

LETTRES

SUR LA

RECONSTRUCTION DU PALAIS DE JUSTICE

I.

Mon cher confrère,

Dans un voyage récent à travers une de nos provinces cruellement ravagée par l'invasion, je cherchais avec une curiosité douloureuse les traces de la lutte et de l'occupation; certes, il n'était pas difficile de les apercevoir encore, mais je rencontrais aussi de toutes parts le témoignage de nos ressources merveilleuses.

Quelques mois seulement s'étaient écoulés depuis que les horreurs de la guerre avaient bouleversé ces champs, ces villages, et les héritages confondus avaient déjà repris leurs limites, les clôtures se relevaient partout, les murs reconstruits détachaient leur ligne blanche sur le fond ver-doyant des campagnes, les toits étalaient au soleil leurs tuiles toutes neuves, la culture s'épanouissait abondante et pleine de promesses; tout le monde était à l'œuvre avec résolution, avec courage, presque avec gaieté !

Je me rappelle un vieux fermier, au milieu des décombres, surveillant les ouvriers qui relevaient sa demeure incendiée : « Tenez, monsieur, me disait-il, les bâtiments étaient mauvais, la grange était trop basse, l'écurie trop humide ; je reconstruis bien simplement, mais solidement et sur un plan nouveau ; l'an prochain, je serai mieux qu'avant. A quelque chose malheur est bon ! »

Quand je contemple les ruines effroyables et grandioses de notre Palais-de-Justice, je pense, mon cher ami, à mon brave paysan de l'Orléanais. Est-ce que nous ne profiterons pas, nous aussi, de notre désastre ? Est-ce que nous allons tout simplement, sur les plans détestables du passé, rétablir nos salles détruites ? Est-ce que nous ne saurons pas tirer parti de ces vastes espaces que la flamme a dégagés et qui se présentent libres aujourd'hui pour toutes les appropriations utiles, pour tous les agencements intelligents ?

Depuis plus de vingt ans que les travaux du nouveau Palais-de-Justice se poursuivent, chaque partie achevée du plan général, au lieu d'aboutir à une amélioration, introduit dans les services judiciaires une complication et une difficulté de plus. Il n'est pas un de ceux dont les souvenirs peuvent remonter un peu loin en arrière, qui ne regrette tout bonnement le vieux Palais, et qui ne maudisse ces transformations fastueuses où sont méconnues les nécessités les plus impérieuses de l'administration de la justice.

Je me hâte de dire que je respecte profondément le talent de l'architecte éminent chargé de ces grands travaux ; ils lui ont valu tout récemment la plus éclatante des récompenses, et à ne juger que la valeur artistique de son œuvre, la distinction dont il a été l'objet était incontestablement méritée.

La dévastation des brigands qui ont été un moment nos maîtres, a laissé heureusement intacte l'admirable entrée du Palais qui fait face à la place Dauphine; peu de personnes la connaissent encore, toute enveloppée qu'elle est des masures de la rue de Harlay. M. Duc doit attendre avec bien de l'impatience l'heure où ce pâté de maisons tombera et laissera apparaître, au sommet d'un large escalier, cette façade si simple et si pure. Il y a dans tout l'ensemble, sans affecta‑ tion, sans efforts, une harmonie de lignes qui fait songer aux temples antiques, et le péristyle auquel l'escalier con‑ duit est, avec plus de recherche, une très-belle chose. Les arcades à colonnettes qui aboutissent aux deux salles d'assises sont d'un goût achevé.

Ce n'est pas tout : l'exécution des détails est merveilleuse. Il n'est pas un accessoire qui n'ait été l'objet d'une attention spéciale et qui ne porte son cachet de distinction et d'élégance. Regardez les portes de bronze de la nouvelle salle des Pas-Perdus, les bancs de marbre qui la garnissent, la grille de fer forgé de la galerie Mercière prolongée, etc. ; tout cela est charmant; je ne me permettrais, au point de vue de l'art, qu'une seule critique : la décoration des salles d'audiences n'a pas la sévérité qui convient. Les plafonds à caissons dorés, les tentures éclatantes, sont mal à leur place dans l'enceinte de la Justice. Le Palais de Rouen nous donne à cet égard le vrai modèle et c'est celui-là qu'il fallait suivre.

Mais c'est de l'appropriation de cette splendide demeure à sa destination, que je veux m'occuper. Les commissions de la magistrature et du barreau n'ont guère été consultées que sur quelques détails de service et l'étude des plans, toujours difficile, n'a pas révélé sans doute d'avance aux intéressés, les résultats définitifs d'un travail dont on leur sou-

mettait très-superficiellement les premières données. La
vérité est qu'aucune des convenances du service judiciaire
n'était respectée dans la distribution du Palais nouveau dont
la moitié vient de disparaître.

Les salles d'audience, le croirait-on, sont de moitié trop
petites. La première chambre du Tribunal, à peine achevée,
est complétement à refaire; elle n'a été disposée dans des
proportions véritablement convenables qu'à une époque de
transition, où, du côté de la cour de Harlay, on avait, avec
quelques cloisons de planches, à la traverse d'une vieille
galerie, improvisé pour elle un local que nous regrettons
toujours; la cinquième chambre, qui apparaissait, par le
chiffre qu'elle porte, comme la dernière de toutes et la plus
humble, a été bien resserrée, bien comprimée, sans qu'on
semblât se douter que c'est précisément parce que c'est la
chambre des petites affaires, que l'encombrement des clercs,
des plaideurs, y est considérable chaque matin. Aujourd'hui,
à l'appel des causes, la porte entrebaillée laisse déborder dans
la salle des Pas-Perdus, la moitié de ceux que l'audience
devrait contenir.

Et les chambres du conseil, et les greffes rejetés dans des
recoins obscurs auxquels on parvient par mille circuits et
par des couloirs éclairés en plein jour ! Et les cabinets des
juges d'instruction avec leurs dépendances ! Et les escaliers
conduisant aux chambres correctionnelles, qu'on monte un
moment pour redescendre tout aussitôt ! Il est impossible de
rien imaginer de plus incommode et de plus mal entendu.

Mais le vice capital, celui qui doit rendre absolument impossible le mouvement naturel de la vie judiciaire, quand les
travaux commencés seront achevés, s'ils doivent l'être sur le

plan originaire, c'est l'éparpillement des services et l'isolement, les uns des autres, du Tribunal, de la Cour et des chambres criminelles.

Il faut reconnaître ici que la responsabilité ne saurait retomber sur les auteurs du premier tracé.

Il y avait dans l'ancien Palais certains points considérés comme inviolables, et auxquels on n'entendait pas laisser aux architectes le droit de toucher.

Les archéologues disaient : Respectez les caves souterraines du vieux palais de saint Louis; l'historien protégeait la Conciergerie avec ses souvenirs révolutionnaires; la grande façade monumentale et la salle des Pas-Perdus se défendaient d'elles-mêmes par leur aspect grandiose et leur excellente conservation; M. Dupin, se plaçant avec solennité sur le seuil de la Cour suprême, s'écriait : « Ne touchez pas à la grand'-chambre! » La préfecture de police ne permettait pas de s'étendre vers le quai, et, du côté de la Sainte-Chapelle, on était limité encore par cette construction délicate et charmante que la flamme, heureusement, n'a pas touchée, et qui, dans sa restauration parfaite, est un des plus précieux joyaux de notre architecture parisienne.

Je reconnais que la difficulté dès lors était grande. Il fallait inscrire à travers ces points réservés et dans un espace nécessairement limité, tous les travaux de l'appropriation nouvelle. Une distribution d'ensemble était impossible. De là le plan qui plaçait sur le quai de l'Horloge, dans un bâtiment neuf se reliant aux salles anciennes, la Cour de cassation, puis aboutissant à la salle des Pas-Perdus, les chambres civiles du Tribunal, bien loin, bien loin, dans la direction de la Sainte-Chapelle, toutes les chambres correctionnelles, enfin la Cour d'assises, du côté de la rue de Harlay, et les chambres de la Cour, au haut du grand escalier, dans l'espace occupé par les chambres actuelles en s'étendant jusqu'à l'ancienne Cour d'assises.

Il est impossible d'imaginer quelque chose de plus déraisonnable et de plus impraticable qu'une pareille distribution des services.

A Paris, la vie judiciaire n'est pas comme en province, cantonnée dans un certain domaine. Les avocats, dans la même journée, sont appelés de tous côtés à la fois. Presque aux mêmes heures, les audiences de la Cour et du Tribunal s'ouvrent, et leur présence est partout obligatoire. Ils doivent être prêts toujours à répondre à l'appel de la justice sur tous les points. Une surveillance continuelle, s'étendant partout, embrassant tout, est impérieusement nécessaire, et à mesure que les travaux du Palais nouveau se sont complétés, cette surveillance est devenue presque impossible ou, dans tous les cas, très-pénible.

Que j'aimais bien mieux le Palais de notre jeunesse, à une époque où la fatigue pourtant nous eût moins coûté : les chambres civiles du Tribunal, groupées avec les chambres correctionnelles autour de la salle des Pas-Perdus, la Cour d'assises et les salles de la Cour à une distance raisonnable!

Le nombre des chambres s'est accru, sans doute; plus d'espace est devenu nécessaire, soit. Mais il fallait procéder toujours de la même pensée : la concentration, le rapprochement des différents services. Le premier devoir de l'architecture, c'est l'appropriation à la destination voulue; l'élégance et l'art ne viennent qu'après.

Désormais, si les anciens plans ne sont pas modifiés, il faudra en arriver à classer les hommes d'affaires en catégories, consacrées exclusivement à des quartiers distincts. Je ne sais plus quel est celui de nos anciens qui disait : « Le métier d'avocat, quand on ne plaide pas, est un métier de chien; et, quand on plaide, un métier de cheval! » Jamais le mot n'aura été plus juste, et l'entrepreneur qui compléterait tant de merveilles par un petit chemin de fer américain et quelques ascenseurs habilement distribués, rendrait aux générations nouvelles un signalé service.

J'ai souvent rêvé un Palais-de-Justice à ma guise.

Je l'aurais bâti tout d'une pièce, sur la place Dauphine, entre les deux quais, en face de la statue d'Henri IV. La belle façade de M. Duc aurait admirablement répondu au Louvre et à la Monnaie.

Au centre, et servant de noyau à la distribution générale une vaste salle des Pas-Perdus; à droite, dans une suite d'arcades, toutes les audiences de la Cour; à gauche, toutes celles du Tribunal. A une extrémité, la police correctionnelle, à l'autre, la Cour d'assises. Au milieu de la salle des Pas-Perdus, l'homme d'affaires circule avec ses clients : une porte s'entr'ouvre, un geste l'appelle, et il se rend tout aussitôt à son poste.

Dans la hauteur, le long de galeries superposées, semblables à celles de la Bourse et du Tribunal de commerce, s'étageraient tous les services accessoires, de telle sorte que d'un point central le regard pût en quelque sorte saisir tout l'ensemble des services judiciaires.

Pour la réalisation d'une combinaison semblable, il suffirait de pouvoir s'étendre librement dans la largeur, et des cours intérieures, calculées par un homme habile, répondraient aisément à toutes les nécessités de la circulation de l'air et de la lumière.

Ajoutez à cela, dans l'exécution du plan, une grande simplicité de lignes, de larges abords, des salles d'audiences très-vastes, de belles boiseries, des poutres sombres, quelques bustes, quelques statues, tout ce qui convient à la dignité et à l'austérité de la loi.

Voilà mon Palais-de-Justice! Ce n'est peut-être pas celui des architectes, mais c'est bien certainement celui des avocats.

Si l'on eût poursuivi un pareil but dès la première heure, on eût en quelques années et avec de moindres sacrifices que ceux qu'il a fallu supporter déjà, mené à fin l'œuvre d'une construction complétement nouvelle; l'ancien Palais aurait pu continuer à servir d'asile à la Cour de cassation. Il eût pu abriter également, dans une partie de ses dépendances, le Tribunal de commerce, et l'on aurait de ce côté, réalisé une économie véritable.

Aujourd'hui, je ne demande pas la construction d'un Palais nouveau. Nous sommes à l'heure de l'épargne et des calculs prudents. Mais là où il faut nécessairement reconstruire, je demande qu'on s'efforce de satisfaire autant que possible à cette nécessité de la raison et du bon sens : la concentration des services. Il faut absolument rapprocher les chambres du Tribunal et celles de la Cour, et ramener près d'elles les chambres correctionnelles elles-mêmes. Il n'est pas possible qu'on se contente de prendre les vieux plans et de redresser les vieilles murailles.

Il faut de tous ces terrains immenses, maintenant dégagés, tirer un parti meilleur. Il faut consulter les véritables intéressés, demander le concours sérieux d'une commission, d'une commission peu nombreuse : il n'y a que celles-là qui travaillent et qui aient une responsabilité réelle.

Si j'osais, j'essaierais quelques données :

En ce moment, on se hâte de clore cette partie de la salle des Pas-Perdus, éventrée et mise à jour, qui se détache si merveilleusement, quand le soleil inonde le trou béant, de l'autre extrémité perdue dans l'ombre. Évidemment, on va reprendre, derrière la clôture, la construction des arcades détruites, et rétablir tout simplement l'ancien vaisseau. C'est une grosse dépense ; est-elle bien nécessaire ?

J'avoue que je ne suis pas un très-vif admirateur de cette salle qui n'a de remarquable que sa grandeur, dont l'architecture est lourde et massive et qui n'a pas même le mérite des souvenirs.

Si l'on supprimait les dernières arcades écroulées, en réduisant de moins de moitié la longueur de la salle, elle garderait encore des proportions convenables et répondrait certainement à sa destination d'une manière très-suffisante. L'escalier des chambres du Tribunal se trouverait placé au milieu, entre la porte de la première chambre à gauche, et celle de la cinquième chambre à droite.

On pourrait reporter précisément en face le monument heureusement épargné de Malesherbes. La salle plus petite se prêterait à une certaine décoration. La commission du monument de Berryer a décidé, il y a longtemps déjà, que la statue du grand orateur prendrait place près de celle de

l'ancien Président de la Cour des aides. Il y aurait là le point
de départ d'une sorte de galerie de nos grandes illustrations
judiciaires que l'avenir compléterait. Dans ses dimensions
nouvelles, la salle des Pas-Perdus serait, en outre, aisément chauffée, ce qui ne serait assurément indifférent à
aucun de ceux qui l'habitent l'hiver.

Maintenant, dans l'espace ainsi conquis, à l'extrémité de
la salle, en s'étendant du côté de la chambre des criées, et
un peu, s'il le fallait, du côté de la Cour de cassation, toutes
les Chambres de la Cour d'appel pourraient trouver place
avec leurs dépendances, de manière à ramener de plein-pied
et dans un voisinage absolument nécessaire, les chambres du
Tribunal et de la Cour.

Pourquoi ne ferait-on pas davantage?

Pourquoi l'espace occupé par la Cour de cassation,
ne serait-il pas affecté tout entier aux services correc-
tionnels de manière à grouper dans un rapprochement étroit
l'ensemble de l'organisation judiciaire?

Il n'y a rien d'irrespectueux pour la Cour suprême dans
un pareil projet. Sa demeure est à refaire. Toute la partie
actuellement occupée par la Cour d'appel deviendrait aisément l'objet d'une installation nouvelle pour la Cour de
Cassation; elle plane dans une sphère indépendante et supé-
rieure. Rien ne la rattache aux nécessités d'agglomération
qui me préoccupent si fort, et elle serait admirablement à
sa place, avec l'entrée de la grande cour, au sommet du
grand escalier, qui mène aujourd'hui à la première
chambre de la Cour (1).

(1) Depuis que cette lettre a été écrite, les pluies ont amené l'effondrement de la partie de la salle des Pas-Perdus qui semblait en état d'être conservée. La salle est com-
plètement à rebàtir. Il faut la remanier sans scrupules, la remplacer s'il est nécessaire,

Nos architectes souriront ou s'irriteront peut-être en présence de ces calculs faciles et de ces combinaisons superficielles d'un profane ; mais je suis profondément convaincu qu'avec tout l'espace aujourd'hui couvert de décombres, il n'est en aucune façon au-dessus de leur habileté de réaliser des combinaisons nouvelles qui se puissent rapprocher de celles que je signale rapidement.

Dans tous les cas, le problème est très-nettement posé, et c'est aux gens de l'art à le résoudre. Il faut profiter des circonstances où nous nous trouvons, et avec beaucoup de simplicité, beaucoup d'économie, arriver à donner satisfaction à tant d'intérêts absolument méconnus dans les plans anciens du Palais.

Je m'excuse auprès de vous, mon cher ami, de la longueur de ces observations. Je n'ai pourtant pas dit tout ce que j'ai sur le cœur à l'occasion de la reconstruction du Palais. Il y a un autre point qui nous intéresse plus directement encore, et que je compte traiter à son tour.

Ce sera l'objet d'une seconde lettre, si vous voulez bien m'accorder de nouveau l'hospitalité de votre journal.

Croyez aux meilleurs sentiments de votre tout dévoué confrère,

E. ALLOU.

---

par une simple galerie sur laquelle aboutiraient les chambres intactes du Tribunal, et toutes les chambres de la Cour, établies au rez-de-chaussée et au 1er étage, comme celles du Tribunal.

La Cour de cassation, dans cette combinaison, conserverait son nouvel emplacement, et tout le service correctionnel prendrait aisément place dans l'espace occupé par les chambres actuelles de la Cour, le greffe criminel, le greffe civil, jusqu'à l'ancienne cour d'assises.

Le bâtiment tant critiqué qui longe la rue de la Sainte-Chapelle, pourrait dès lors disparaître et dégager enfin la Sainte-Chapelle elle-même.

II

Mon cher confrère,

Je vous ai entretenu, à l'occasion de la reconstruction du Palais-de-Justice, des améliorations qu'il serait si désirable de voir introduire dans les travaux nouveaux, au point de vue de la distribution générale des services judiciaires ; je voudrais vous parler aujourd'hui d'une question qui nous touche de plus près encore, c'est-à-dire du local réservé à la Bibliothèque des avocats.

Vous savez ce qu'étaient, depuis plus d'un demi-siècle, les pièces qui nous étaient abandonnées au Palais : à l'extrémité de couloirs tortueux, trois salles dont la main atteignait le plafond, étroites et obscures, sans clarté pendant l'hiver, sans air pendant l'été. C'est là, l'installation qui nous fut attribuée à titre provisoire, il y a soixante ans, et ce provi-soire là dure encore !

Nos livres très-nombreux et très-précieux avant le désastre qui vient de nous atteindre, et dont nous venions de recevoir, enfin, des mains de notre éminent bibliothécaire, M. Hau-réau, le catalogue complet, débordaient sur des rayons insuf-fisants ou moisissaient dans un réduit infect, que le préfet de la Seine, sur nos instances, avait consenti à mettre à notre disposition ; dans cette singulière annexe, quelques volumes de collections importantes ont été traversés par les rats, de part en part.

En temps ordinaire, nos confrères entassés dans la Biblio-thèque n'avaient pas même la liberté du travail et des recherches. Les réunions de la conférence, qui auraient emprunté un apparat utile à un local plus vaste et plus convenable, se tenaient dans la grande pièce, dont il fallait, une fois par semaine, chasser les travailleurs pour laisser la place libre à nos orateurs novices. Il en était de même pour la salle voisine, les jours où le conseil se réunissait.

Il est inconcevable que pendant tant d'années, une grande compagnie, comme celle du barreau de Paris, ait pu se résigner à subir un état de choses pareil. Sans prétendre à l'installation somptueuse des corporations anglaises, ou à la magnificence de la bibliothèque célèbre des avocats d'Edimbourg, il est permis de se révolter contre le sans-façon avec lequel le premier barreau de France a été condamné si longtemps à vivre dans un semblable taudis. Nous représentons un service public. L'usage de ces salles est de tous les jours, de tous les instants; elles n'ont jamais répondu à aucune des exigences les plus modestes de leur destination.

Nous étions honteux, lorsque quelques étrangers sollicitaient la permission de consulter nos livres, de les introduire dans ces soupentes malsaines.

Je me rappelle encore notre embarras, le jour où les représentants du barreau de Londres, accourus, dans un sentiment confraternel, pour assister aux funérailles de notre grand Berryer, visitèrent le Palais-de-Justice, et apprenant que le conseil de l'Ordre était précisément rassemblé, sollicitèrent l'honneur de prendre séance avec nous, pour nous remercier de l'accueil empressé qui leur avait été fait; ils étaient trois; notre salle pouvait à peine les contenir, et avec la meilleure volonté du monde, il eût été impossible de prolonger bien longtemps l'entrevue!

Aujourd'hui notre pauvre vieux logis est écroulé à demi.

Certes, nous le regrettons, comme on regrette la demeure la plus humble longtemps habitée.

Nous regrettons surtout nos livres disparus : près de vingt mille volumes sur trente mille, nos collections de journaux si nécessaires et difficiles à remplacer, et ces deux bustes de marbre de Paillet et de Marie, qui décoraient la cheminée de la salle du Conseil, et qui nous permettaient presque de croire encore à la présence parmi nous de ces maîtres vénérés.

Le plancher de la salle s'est effondré. La cheminée est descendue à l'étage inférieur; les bustes sont tombés au milieu des décombres, et ont été brisés. De celui de Marie, il n'est absolument rien resté. La tête de Paillet nous est revenue mutilée et noircie, semblable à une tête antique trouvée dans les fouilles, et gardant encore sous les morsures de la flamme, son fin sourire. La terre cuite de Gerbier, très-belle quoiqu'elle ne soit point de Houdon, ainsi qu'on le croit généralement, a été sauvée, et nous devons de vifs remerciements à M. Boucher, dont les soins empressés ont protégé ce que nous avons conservé.

Ces pertes douloureuses, nous les réparerons. Nous espérons qu'il sera possible d'obtenir une reproduction de ces bustes dont il existait plus d'un exemplaire.

Des offrandes de livres nombreuses nous ont été déjà adressées; elles eussent été plus considérables encore si nous avions la place nécessaire pour les recevoir. M. Liouville et M. Taillefer ont mis à notre disposition deux collections complètes du *Droit* que nous avons acceptées avec reconnaissance.

Nous ferons appel à tous : aux auteurs qui nous avaient envoyé leurs livres, aux Sociétés savantes, aux grandes administrations dont les publications nous étaient habituellement adressées, à nos confrères de province, à tous ceux qui peuvent avoir en double quelques ouvrages juridiques ou de haute littérature, et notre bibliothèque se reconstituera.

Mais il y a une question plus urgente et plus pressante à laquelle est subordonnée cette réorganisation même.

Qu'allons-nous devenir, et quelle part nous sera faite dans tous ces travaux de réédification qui demandent à être très-promptement menés à fin ?

L'an dernier, il s'agissait, pour les architectes du Palais, de prendre immédiatement possession du local que nous occupions et qui était nécessaire à la construction des chambres nouvelles de la Cour d'appel. On nous installait alors, provisoirement encore, dans une travée de la galerie projetée qui doit faire pendant à l'ancienne galerie marchande, et qui conduit du nouveau vestibule à la Sainte-Chapelle. On aurait coupé là, avec quelques clôtures, un espace tel quel, où nous devions nous aménager bien vite.

Aussitôt après le remaniement des chambres de la Cour, il était entendu que nous prendrions possession du local actuellement occupé par la deuxième chambre, au haut du grand escalier.

L'emplacement était tout autrement honorable assurément que notre résidence passée ; mais il était encore singulièrement rétréci. A moins qu'on ne dût se décider à y joindre certaines dépendances et une partie de la petite salle des Pas-Perdus qui précède, nous ne nous serions trouvés, dans notre nouvelle demeure, plus à l'aise que dans l'ancienne, et nos pauvres livres n'eussent pas rencontré encore un asile suffisant.

Dans un bouleversement pareil, où tant de choses sont entièrement à refaire, est-ce qu'il n'est pas possible de réclamer la réalisation de ce rêve éternel du barreau : une résidence véritablement à nous et de nature à nous pemettre enfin une organisation complète et définitive ?

Du côté de notre ancienne bibliothèque, sur la cour de la Sainte-Chapelle, dans l'espace immense dégagé par la destruction de l'hôtel de la Préfecture de police, est-ce qu'il n'est pas possible d'obtenir un terrain de deux cent cinquante ou de trois cents mètres, sur lequel s'élèverait une construction spéciale, destinée au barreau de Paris, un petit hôtel de quatre ou cinq fenêtres de façade, dont l'accès donnerait sur la cour par laquelle nous entrons habituellement et qui se relierait, au premier étage, directement ou par un passage suspendu, à la galerie de la Sainte-Chapelle ?

Nous demanderions à l'architecte du Palais, dont le goût est si pur, de distribuer l'emplacement qui nous serait attribué, de manière à répondre à tous nos besoins :

Au rez-de-chaussée, un vestiaire général, plusieurs salles distribuées par lettres alphabétiques, avec une armoire pour chacun de nous, où nous puissions serrer livres, plans et dossiers ; le service en serait confié à deux ou trois employés, et l'un des anciens costumiers du Palais serait chargé de la confection des robes et de la surveillance générale.

Au rez-de-chaussée encore, une buvette convenable pourrait être établie, non pas avec la tenue négligée d'un café, mais dans les conditions plutôt d'un buffet de chemin de fer.

Au premier étage, le secrétariat, deux grandes salles de bibliothèques, assez hautes de plafond pour permettre l'établissement d'une galerie destinée à atteindre les livres les plus élevés; l'une de ces salles serait disposée spécialement pour servir aux réunions de la conférence, et l'organisation d'une barre ou d'une tribune pourrait aider aux études oratoires; A côté, la chambre du conseil et le cabinet du bâtonnier qui servirait en même temps de salle d'attente pour les avocats appelés à comparaître devant le conseil, et auxquels notre local passé imposait, pour des explications bien souvent sans gravité, une station pénible et humiliante, aux yeux de tous, dans la bibliothèque : la juridiction disciplinaire demande plus de discrétion et de mystère.

Au second étage, des greniers réservés à certains dépôts de livres, quelques chambres pour les employés secondaires de l'Ordre, compléteraient l'ensemble de la distribution.

Je voudrais partout beaucoup d'air et d'espace, un style très-sobre, de beaux rayons de chêne. Les livres appellent les livres. Nous aurions bientôt une merveilleuse collection. Les bustes, les portraits de nos anciens, seraient la décoration naturelle de la chambre du conseil et de la bibliothèque.

J'esquisse seulement, bien entendu, un plan que les méditations de tous arrêteraient à loisir, et dont je n'ai pas la prétention de fixer les lignes définitives; mais est-ce que ce n'est pas là ce qu'il nous faut? Est-ce que ce n'est pas là ce que nous demandons depuis longtemps?

Il n'est douteux pour personne qu'un emplacement convenable doit nous être réservé, et nous sommes tout disposés à reconnaître, dans les temps surtout où nous sommes, que l'Ordre peut être appelé à supporter largement sa part des frais qu'entraînerait une installation pareille ; ces sacrifices, nous avons toujours été prêts à nous les imposer.

Que la Ville nous abandonne le terrain nécessaire, qu'elle prenne à sa charge la partie des dépenses qu'elle ne peut éviter dans aucune combinaison, le gros œuvre par exemple. Le reste serait facilement représenté, d'abord par un appel au barreau, et à la reconnaissance de tous ceux qui y ont trouvé honneur et fortune, et par un emprunt ensuite au Crédit foncier, dont les annuités seraient couvertes par l'accroissement de notre cotisation actuelle ; le chiffre en est bien peu élevé aujourd'hui pour les services qu'elle représente et elle serait aisément doublée.

Ceux de nos confrères pour lesquels elle pourrait être alors onéreuse éprouvent, à coup sûr, autant d'embarras déjà en présence du chiffre auquel elle monte, et les questions de recouvrement de cette légère redevance ont été et seront toujours traitées par l'Ordre dans l'esprit le plus confraternel et avec les plus extrêmes ménagements.

Il faut d'ailleurs reconnaître que la cotisation doublée, ne le serait qu'en apparence, lorsque les frais de vestiaire se trouveraient compris dans le service général.

Une corporation, dont la vie est éternelle, a tout intérêt à ces opérations à long terme, qui conduiraient un jour le barreau, par l'extinction de sa dette, à une situation dégagée et prospère.

Certes, ceux qui réaliseraient une semblable transformation dans notre organisation intérieure, nous rendraient un service signalé et auraient droit à toute notre gratitude. Il appartient à notre bâtonnier, qui a tant fait déjà pour l'honneur de l'Ordre, d'attacher son nom à cette grande réforme.

Jamais l'heure n'a été plus favorable. Nous devons rencontrer partout un concours bienveillant. Il faut que nos anciens confrères, à tous les degrés du pouvoir, nous prêtent leur appui; il faut que les journaux judiciaires entrent en campagne et nous donnent l'assistance de leur publicité, mais surtout donnons-nous nous-mêmes quelque peine si nous voulons réussir. Mêlons-nous de nos affaires, occupons-nous de nos propres intérêts; c'est là le mot d'ordre qui convient aujourd'hui à tous et partout.

Voilà, mon cher confrère, jetées un peu confusément et à la hâte sur le papier, quelques réflexions anciennes chez moi, et auxquelles les circonstances donnent plus d'opportunité que jamais. Dans ces jours de loisir, que nous n'avons guère gagnés que par les émotions de l'année dernière, elles me revenaient à l'esprit, et j'ai voulu vous les communiquer. Les liens qui nous rattachent à la vie du barreau sont si énergiques que le repos même des vacances ne les brise pas, et que loin du Palais, c'est au Palais que nous pensons encore!

Croyez à mes sentiments affectueux et dévoués.

E. ALLOU.

L'Abbaye d'Arques, septembre 1871.

13663.   PARIS. — IMPRIMERIE RENOU ET MAULDE, 144, RUE DE RIVOLI.